OS SOFRIMENTOS
DOS VINTE ANOS

AS DORES E OS SABORES DE VIVER COMO ALGUÉM QUE SENTE

PAULA NASCIMENTO

Capa: Elliel Kássio e Paula Nascimento

Diagramação: Paula Nascimento

```
Nascimento, Paula
    Os sofrimentos dos vinte anos : as dores e os
sabores de viver comoalguém que sente / Paula
Nascimento. -- 1. ed. -- Brasília, DF : Ed. da
Autora, 2020.

    ISBN 978-65-00-03620-6

    1. Poesia brasileira I. Título.

20-36952                                    CDD-B869.1
```

OS SOFRIMENTOS DOS VINTE ANOS

AS DORES E OS SABORES DE VIVER COMO ALGUÉM QUE SENTE

1° edição

Publicação independente

2020

PAULA NASCIMENTO

Dedico esta obra a todas as mais belas causas dos meus sabores e sofreres, principalmente àquelas cujo nomes não posso citar, mas que sabem da sua existência.

Sumário

PREFÁCIO

Quando a Paula me convidou para escrever o prefácio do primeiro livro dela meu coração se encheu de um misto de sentimentos: gratidão, preocupação e principalmente de alegria. Gratidão por perceber que ela confiava em mim para estar aqui abrindo o livro dela, preocupação por acreditar que nada que eu falasse poderia descrever o que é ler algo que ela escreveu e por fim alegria por enxergá-la dando passos tão grandes em direção ao sonho que eu vi nascer.

Ler essa obra cujo título é "sofrimento dos 20 anos" enquanto tenho meus 20 e poucos anos é o mesmo que me sentir abraçado por palavras. Paula traz, nas páginas do livro, tudo que um jovem que está no limbo da maturidade e juventude passa. As desilusões amorosas, as conquistas nesse mesmo campo do amor, os momentos de euforia no qual pensamos que somos capazes de tudo, os momentos opostos a esses que acreditamos que não somos capazes de nada, mas acima de tudo as páginas falam sobre vulnerabilidade e efemeridade, palavras com as quais eu, pretensiosamente, ouso resumir os 20 e poucos anos.

É possível conhecer a autora, ainda que você nunca tenha a visto pessoalmente. Já que Paula teve a delicadeza de se colocar da forma mais pessoal e direta possível, até nos momentos em que ela utiliza de metáforas relacionadas as gramáticas que são tão a cara dela. Eu, por exemplo, que sempre tive minhas dificuldades com esta, logo entendi com fluidez.

Outra delicadeza que percebo ao ler é a não linearidade em que ela dispõe os poemas no livro, fazendo com que se aproxime muito com a nossa vivência diária desses sofrimentos. Ainda que as duas partes do livro mostrem momentos diferentes de uma mesma Paula é possível perceber esse cuidado na fluidez de seus poemas.

Deixo aqui um trecho que atravessa diretamente a minha vivência dos 20 anos em que me senti lido por esse poema:

"Sentir saudade de possíveis abraços
não dados

E de risos frouxos que não se soltaram

Saudade de alguém que está ao seu lado

E de cheiros ainda não exalados

Será possível lembrar da vida desejada?"

Mais um trecho convite que no momento que li senti um conforto imenso:

"Olho cuidadosamente para a vitrine

Não sei se descrevo o fruto do sertão do Centro

Oeste

Ou o coração que o peito me veste

Unicamente diferenciados pela cor

Vermelho ou amarelo, meu amor?"

Enfim, agradeço a Paula Nascimento por poder experienciar os seus sofrimentos dos 20 anos e acrescento que em muitas das páginas você, caro leitor, assim como eu, sentirá como se ela pudesse ler seus pensamentos. Digo com segurança de que você se sentirá tão abraçado quanto eu me senti ao ler cada linha desse livro.

E muito me alegro em ver que a literatura brasileira permanece pungente e em boas mãos. Este livro é a prova disso e fico ansioso aguardando os próximos passos dessa jovem autora.

Elliel Kássio

PRIMEIRA PARTE

Sentir me é fácil. Sou poeta e nasci para poetar. Feita de amor, o sinto passar por minhas veias e transpassar meu ser. Aqui, transbordo em forma de palavra. Escrevo o que sinto e sinto amor.

Me é tão gostoso sentir o saudosismo e cantá-lo em meus versos. Saudade de momentos ainda nem vividos, mas que ressuscitam os pedaços feitos de mim. Eu sou, nascida pelo acaso, destinada a mostrar ao mundo o que ele não pode sentir.

Por vezes, esse sentimento todo me sangra, mas é um sangue tão bonito, tão sanguíneo que me entorpece e faz esquecer da dor e voltar a, sobre ele, versar. Verso sobre o verso, sobre o avesso, sobre o próprio versar. Verso sobre a vida para que, a partir de sua rima, eu descubra onde é meu lar. Verso por que sei que o verso é meu refúgio, meu murmúrio, meu augúrio, me habitar.

Verso, pois sou verso e nasci para rimar.

Menina que tem as estrelas no rosto

E ainda o universo no olhar

Menina que mantém os pés no chão

Mas que não deixa de voar

Menina que prefere viver a dormir

Que prefere sentir a sorrir

Menina sincera

Estrela

Menina que reluz a luz do universo

E seu sorriso é lindo

Mesmo que seja controverso

Menina mulher

Que sente e quer

Que não se deixa levar

Que é mar revolto de se navegar

Menina num casulo de mulher

Mulher num casulo de menina

Que sorri e canta

Que alegra

Que encanta

Disseram que eu nunca saberia o que é o amor

Mas eu sei.

Todas as vezes que olho para esses cabelos negros

Que deslizam perfeitamente sobre os meus

Todas as vezes que olho para essa pele

Que queima meus olhos de tanto brilhar

Todas as vezes que sinto esses lábios

Te sinto

E reconheço a personificação do amor

Conheço o Amor.

Conheço meu amor.

Amor que completa

É suplemento para a alma

É ar para os pulmões

É vida no corpo

Esse amor

Sou eu.

O VIVER GRAMATICAL

Há quem diga que estamos vivos,

Mas se pararmos para pensar na complexidade da
vida

Entendemos que não é tão simples viver.

Se acompanhado de um sujeito,

O viver vira verbo e nos dá à luz;

Se acompanhado de um artigo,

Vira substantivo e dá nome à nossa história.

Dentre infinitas possibilidades,

O viver é muito além de existir

Vivendo, somos

Sendo, fazemos

E damos cor à nossa própria vida real.

O hilário é saber que mesmo voando

Machuco meus pés no chão.

Ao menos sei que

Meu sangue deixará o caminho gravado

E, algum dia, o vento trará piratas navegantes ate
mim

Ouço o bater de correntes

Alguém me encontrou

Não sei se estou pronto

Devo me esconder?

Agora sinto-me envolto

Sentimento estranho

Nunca antes sentido

Os olhos nunca viram

Os ouvidos nunca ouviram

E o coração nunca sentiu

Como?

Disseram-me que eram ladrões

Mas a única coisa que me roubaram foi o vazio

Se é errado sentir o que sinto,

Me castiguem!

Quero navegar

Viver o mar

E me afogar.

SENTIDOS

Contexto sentido se faz perceber

O contagiante labirinto

Que me leva a caminhar por caminhos

Conhecidamente desconhecidos

Como cego, vou tateando tuas sendas

Curvas que me tonteiam

Que me norteiam

Até o gozo da terra prometida

É de ti que jorram

O leite e mel que podem me saciar.

Impossível silenciar

Me derramo em ti sem que me percebas

Te olho nos olhos sem que me vejas

Sou tua mesmo que minha nunca sejas

PAIXÃO JABUTICABA

Veja

uma mão que tateia diferentes caminhos

olhos jabuticaba que são porta para lugar nenhum

silhueta rio que arranca raízes sem ressentimento.

Perceba

são apenas exterioridades

és invariável em tua solidão

somos solidão?

Veja

a boca fala o que a cabeça pensa

não o que o peito escreve.

O erro é

humano ser.

Perceba

eu te percebo

Será que voo é realmente questão de escolha?

Veja

A visualizagem depende da percepção de cada um

Então

Me perceba

e veja

que meus caminhos anseiam pelos teus

que minha solidão simpatiza com a tua

e que teus olhos ficam lindos refletidos nos meus.

Processos

sei que cada um tem os seus.

Eu já te percebi

Deixo para ti a vez.

Quantas mudas morreram em minhas mãos

Porque o adubo que me aduba só te faz crescer.

Ventos estranhos sopraram hoje

Junto a eles, passou por mim uma pétala

Daquela flor digna de ser amada

La Belle de Alceu.

Sentir o cheiro longínquo do teu perfume

Fez meu olho marejar;

Voando pelas curvas do teu sorriso

Sinto bater em minhas asas o saudosismo do que
não é meu.

O choro seco escorre pra dentro

O corpo estremeceu

Pensamentos antes tão escancarados

Agora sufocados por pequenas raizes que tentam se estender

Tapando buracos deixados na pequena estrada

Crateras abertas pelo pé teu

Apesar do suspiro

A iluminação me faz entender

Que nessa gruta não há espaço

Que o que poderia ter existido se perdeu.

Lembro exaustivamente de esquecer

Esqueço que devo não lembrar

Me escondo tentando não te achar

Percebo que foi tu que se escondeu.

Deixa que eu te olho

No olho

No dilatar da tua pupila

Eu vejo escrito

Um pedido, um desejo

É possível sentir no palpitar dos nossos peitos colados

O desejo de serem um só

E ritmando nossas batidas sincronizaras posso ouvir:

"Me seja"

Intrinsecamente graciosa

Como lustre reluzente

Me ilumina dos pés à cabeça na mesma hora

Um olhar desejoso que me tira fogo

E me faz liquidar

E derramando à conta-gotas

Nossas gotas se encontram

Sabe-se que

Quando o desejo é feroz

A pele fica em chamas

Mas e quando é a alma que se acende

O que dizer?

De longe ouço uma voz

Se fosse a tua, sairia correndo ao teu encontro como
guepardo atrás da presa

Mas não é

A saudade me aperta o peito

A melodia da tua risada naquele tom perfeito

Ah, que aperto

Meu peito chora por estar longe do teu

E agoniado, coitado

Ele Grita:

"Por favor,

Seja meu!"

HELENA

No princípio era fogo

Ardia sem precisar de lenha nova

Subia sem precisar de abano

Simplesmente era fogo

queimando sem parar

Ríamos e nos aquecíamos

Quebrando o frio interior

Contando histórias e cantando canções de ninar

Dançávamos ao redor de uma linda fogueira

Criando laços, criando memórias

E então o tempo veio

As pernas pareciam se cansar

A boca não quis cantarolar

E a chama começou a insistir em se findar.

Assopramos, tentamos

Mas paixão é fogo

E fogo nasce pra apagar.

E apagou. Nela.

Sem resquícios, sem cheiros.

Se foi.

Em mim, as madeiras incompletamente queimadas

Não me deixam esquecer

O cheiro forte de fumaça arde meus olhos e me entorpece

Ainda está aqui.

Não se foi.

Se dói.

Perceba-se, onde há paixão pode nascer amor

E nasceu.

Mas com um braço só.

E a mão que me segurava soltou pra tentar alcançá-la

Eu esqueci de mim.

Eu esqueci que coração não usa proteção

Então caí.

Inúmeros pequenos cacos no chão.

Quebrada, percebo:

Amor não é paixão.

Amor é caixão.

Vida em construção.

Amor vai e fica

Enfinca.

Amor não morre. Transforma.

Decidi cozinhar o meu.

Espero que logo ele dê lugar aquilo que

Meu pobre coração tanto pediu, mas nunca recebeu.

Tem pele coloridamente atrativa

As vezes carnudo

Por vezes ossudo

Depende de como foi o cultivo

Espinhos cortantes que disputam o pequeno espaço
de seu interior

O apertam, por vezes, fazendo doer.

Se arrancar um pedaço, machuca

O espinho corta e a culpa foi sua!

Se não arranca, conforta

E o gosto amigável a uns,

Intragável a outros,

outras sensações exorta.

Olho cuidadosamente para a vitrine

Não sei se descrevo o fruto do sertão do Centro-
Oeste

Ou o coração que o peito me veste

Unicamente diferenciados pela cor

Vermelho ou amarelo, meu amor?

HORA DO ALMOÇO

Era manhã

Acordara com desejo daquilo que não recordava o gosto

Procurava sem saber o que

Até que sentiu o cheiro de algo chamado liberdade

Era meio da manhã. O almoço se aproxima.

Vai correndo, menina

Comprar o que quer comer.

Ela demorou-se e já era tarde. A fome começava a passar.

No caminho, cacos acidentais largados na rua a puderam distrair

O desejo do desconhecido novamente a fez abaixar:

Estalo do joelho

Cortou.

Doeu por demorados dias sem fim.

Passado o tempo, ela lembrou que naquele dia

Não teve almoço.

E escolhendo pensar, pode entender que:

O desejo nos move, o lado nós que apontamos.

Dentre liberdade e sangue, a escolha me pertence.

Posso ir ao mercado ou à padaria

Assim como posso me encontrar ou encontrar você.

Desejosos, desejamos escolher uma direção

Posso não saber para onde seguir

Mas sei que é minha escolha deixar de escolher
cair.

Dia de sol

Estão deitados lado a lado sob as margens de um
rio qualquer

Ar e chão

Conversam demoradamente

Horas e horas sem parar

Corações batendo loucamente

Apaixonados por um desconhecido em comum

O pomposo e destrambelhado ar tenta convencer
seu companheiro

De que as vezes é bom encher-se de vento e vagar

Mas o sólido e resistente chão se amedronta ao
pensar em tamanhas atrocidades.

Polaridade na unicidade.

Ambos lutam para parar de lutar

Não entre si.

Guiados pela necessidade de um motivo
avassalador

Eles continuam

Um pé cá e outro lá

Mãos estiradas tentando se tocar.

Ar que pousa

Chão que voa.

Toque.

Toquei.

Num grande arrepio o verde do chão se colocou de pé

E gotículas de desejo condensaram-se no ar.

Sentiram.

A água que de um emana é suficiente para regar a vida que há no outro.

Completude.

Sentimento estranho

Nasce no impossível, de forma improvável e torna-se alívio.

São oásis um do outro.

São alívio.

MENINO AMOR

Olha lá

O menino caiu.

Eu avisei

Passou

Essas paixões de leite caem

E sempre nasce um dente são no lugar

Mas não sobe de novo, menino

Você vai cair

Desce daí!

Anda logo!

Ah não, caiu!

E agora?

Tá ardendo, mãe

Tá sangrando

Dói

Pode chorar, menino

Seu pedaço tá logo ali no chão

No lugar do amor duro não nasce outro não viu?!

Vai ter que colocar

E dói de novo

Incomoda

Fura

Mas é assim mesmo

Amor implante

É ressurreição

Cutuca até curar.

E então ela deitou-se

Totalmente despida

Das roupas e da alma

Totalmente pelada

Desamarrada.

Atirou-se sob seu leito

Desejando esquecer a chuva que lhe batia no peito

Desejosa de livrar-se de suas agonias

Através de um delicioso grito

Não lhe foi permitido

Retrocesso

As roupas lhe voltaram ao corpo

A chuva atingiu

As torrentes agoniantes

Atacaram em cheio sua alma turbulenta

E num grito, não como o desejado

Mas de desespero

Ela sucumbiu

Seu olhar se feriu

E, desejosa do fim,

Ela sorriu.

SEGUNDA PARTE

Sempre me foi fácil escrever. O lápis me coube bem à mão, a cadeira me foi confortável e, então, o sentir virou palavra. Aqui, as dores de uma alma que chora e grita por exílio se fazem presentes. A vida não me olha mais. Escrevo como doente terminal que espera pela morte. A escrita é minha morfina. Com isso, não almejo ser grande, pelo contrário, me faço pequena, confiando meus maiores segredos a um simples pedaço de papel.

Fui chuva e, tentando regar muitos jardins ao mesmo tempo, me sequei. Olhei nos olhos da saudade e clamei por compaixão, mas ela me virou as costas sem nem mesmo dizer não.

Confesso que há dias em que o cheiro me faz ter uma rara vontade de levantar, mas esses dias são passageiros e logo viajam para longe de onde meus braços podem alcançar.

Sinto escrever em versos, com rimas frouxas e sem talento, mas não há outra forma de se fazer. Escrevo como sinto e sinto poesia. Sou poesia. Sou versejar.

Tentei trazer ar aos meus pulmões, mas o cansaço me abateu, vejo agora que o que me resta é esperar, e enquanto espero, o papel me há de me escutar.

Sinto-me verme,

sinto-me nada.

Tentei ser sol, que ilumina,

lâmpada quebrada.

Sinto-me lixo,

sinto-me água.

Sinto dor

e sinto nada.

Fui flor,

que murchou

fui espelho,

que quebrou.

Sinto-me longe,

Sinto-me estrada.

Sinto que amei de graça,

mas não fui amada.

Fui amor e me desprezou.

Sinto-me morte,

sinto-me asfixiada.

Sinto-me só,

sinto-me isolada.

Senti-me verme;

Sou nada.

PARTINDO

Um corpo completamente estirado no colchão

Olhos fixamente presos no teto

Sem nem piscar,

Emana de mim um oásis

Percorre face, pescoço

Domina tudo.

Projetado na tela branca

Assisto nossa história

Ilusoriamente real

Realmente ilusão

Imaginar quais ventos têm passado por ti

Tornou-se meu passatempo

Não por ser prazeroso,

Se escolha tivesse,

Escolheria ter perdido o ônibus,

Mas não tenho

Que posso fazer se meus olhos estão soldados nos
teus?

O que posso fazer se junto da inspiração me vem o
desejo do teu cheiro

E na expiração o pesar de não o sentir?

O que posso fazer se minha mão anseia pela tua

E chora por ela não estar aqui?

O que posso fazer quando meu maior desejo é ser
tua

E o teu é partir?

CORVO MORTO

Vi um corvo

Pensei ser minha aclamação como poeta...

Ele estava morto.

De seu corpo enrijecido

Caído no chão

Palavra nenhuma.

No entanto,

Não palavra também é palavra

Ouvi por horas suas lamúrias aconselhadoras

Sim, ouço conselhos

Questionamento.

Será mesmo proveitoso continuar sendo vertical?

A horizontalidade passou a me atrair

Será realmente necessário encher-me de falsas prosas

Sendo a solidão invariável?

Até quando terei minhas singularidades

Marcadas com doloroso ferro no meu corpo

Sem que eu possa me defender?

Até quando serei obrigada a ouvir esses gritos silenciosos

Que me dizem constantemente que eu não mereço estar onde estamos?

Questionamentos.

Na maioria do tempo a gravidade nem sente

Meu peso sobre o chão

Na maior parte do tempo eu sinto

O peso da gravidade me sufocar.

Estou ficando sem ar.

Provavelmente o corvo esteja certo.

O peso da terra é bem mais leve que o peso do chão.

CONCHINHA FECHADA

Conchinha fechada que nunca se abriu
Culpado é aquele que um dia te feriu.

O mar é livro.
Pisando na areia molhada posso sentir
Tuas marcas salgadas que se fazem ouvir.
Sentir o não sentir.
Estranho é
Sentir tocar a água
Mas não sentir o pé.

O mar dança.
Leva e traz música
exalando diferentes nuances.
Tu me dás
Tu me tiras
Tua onda me atrai
E a vida me tira.

Oh, Mar triste

Que, à noite, chorando solidão

Aos marinheiros condena

Oh, Mar risonho

Que, durante o dia, cantando

Aos que choram consola

Eu que apenas de passagem te vejo

Me confundo entre desejos

Não sei se quero abrir

Ou deixá-la fechada

Se quero ouvir o teu musicado consolo

Ou sumir na imensidão de tuas águas

Praias e precipícios

Conchinhas fechadas que nunca vão se abrir.

E Ouriços cansados de tanto sorrir.

Oh conchinha, por que te deixastes ferir?

Deus, tão pequena

Condenada pela infinitude das águas

Tão pequena

Corajosa

Mas ainda sim pequena.

Quase nada.

Pequena.

Possibilidades sufocadas pela dureza da água

Que de tanto bater

Furou

Oh, minha querida conchinha, te jogo, de volta ao mar

Para que em seu sufrágio escolha

Se queres abrir ou fechar.

Já que, a mim, resta respirar.

BULIMIA

Se, por ventura, eu cambalear e cair,

Quando eu, cansada, não aguentar,

Quando eu, perdida, chorar

E, já sem forças, parar.

Quando eu desistir, te imploro:

Não desista de mim.

Te imploro ainda: me acuda.

Me sacuda

Me cuida!

O nosso ópio é a expectativa.

Por ingenuidade, acreditamos demais

Naqueles que por maldade, ou que seja

Por vaidade

Dizem: tanto faz.

Tanto faz se você vai cair.

Tanto faz se você vai chorar.

Tanto faz se vai doer.

Tanto faz se você vai morrer.

Ainda assim,

Te imploro: não desista de mim

Te imploro ainda: em sua boêmia

Lembre-se da minha bulimia

Que faz vomitar o mundo,

Esse troço imundo

Que nos torna surdos

Para os gritos por piedade

Daqueles que, mesmo implorando,

Morrem com pouca idade.

Pensando melhor,

Deixam de ser suicídios

São homicídios.

Nos assassinam todos os dias,

Com essas orgias

Nos fazem chorar

Gritar e

sangrar.

E sangrando, morremos

Da pior forma possível

Afogados

Por nossas próprias lágrimas

Torturados.

Vejo o sol, mas sou incapaz de o sentir,

Ouço o vento, mas ele não pode me sacudir.

Sou um dormente

Que sente.

Que range os dentes querendo gritar,

Que, não cabendo mais dentro,

Excreta desespero pelas gotículas do seu sangue.

Sou o erro em forma de corpo

Nascido pelo acaso, pareço nunca ter fim.

Sufoco-me com minhas próprias mãos sanguinárias

E debato-me

Tentando desviar-me de mim.

Fracasso.

Não sinto a dor na carne,

Mas a alma chora.

Dor que interrompe a existência.

Assisto,

Invejo.

Shhhhhh!! Não adianta gritar!

Estão todos doentes.

O diagnóstico?

Surdez.

Imersa nesse mar, busco me acalmar

Banhando-me nessas águas escuras

Tento tirar o peso de minhas costas

No entanto, é maior que eu

Me puxa, me carrega

E tenta, com toda sua força,

Me afogar.

Tento pedir socorro, mas quanto mais grito,

Mais água entra em meus pulmões

Tento orar, mas a pressão sobre minha cabeça

Não me deixa pensar

Debato-me

Jogo-me contra as pedras.

Nada resolve.

Estou afundando.

Pausa.

Por que vou gritar agora?

Não.

Puxo o ar e percebo

Não estou morrendo

Só estou debaixo do chuveiro

Estou sendo sufocada sim,

Mas a água que me mata

Sai de dentro de mim.

ASAS MOLHADAS

O batimento corre, tropeça e cai

As borboletas oxigenadas morreram nos pulmões
vazios

A acidez destrói por dentro.

Sinto que morri, mas o corpo ainda não caiu

Por dentro, apenas cacos e vazios

Por fora, o rosto apático finge disfarçar as
controvérsias de um ser em desespero

Assisto tudo

Atônito

A vontade e a alegria se forram.

Queria ser pássaro,

Mas nasci leão enjaulado.

Vejo de longe o flamejar de asas de fogo

No entanto, não me restam forças nem para rugir.

Sinto que morri.

Mas ninguém veio se despedir.

Escrevo como forma de desabafo

Trouxa.

O papel me acalma por alguns segundos,

Mas o consolo que eu tanto busco, não vem.

Ando tão ocupada procurando abrigo que esqueci
de voar,

Esqueci como voar.

E agora, o predador está chegando.

Não sei mais como sair daqui.

Vejo latas retorcidas

Vejo lixo em todo lugar

Vejo restos de comida

É só meu ninho

É só meu lar

Preciso largar tudo

Para poder segurar a mim

Mas o poço já está tão fundo

Que minhas poucas pernas não me permitem subir.

Estou sozinha outra vez

E até mesmo meu refúgio

Já não me permite respirar

Por isso, choro

Talvez chorando eu me afogue

E, me afogando,

Eu ressuscite em outro lugar.

FLOR

Você existiu?

Alma poeta não decide

Entre devaneio e chão

Sol ou colchão?

Plantei em meu peito mudas do que esperava
encontrar

Reguei demais

Morreu.

Flores nascem com atestado de óbito assinado

Será que sinto flor?

Noites desdormidas

Pétalas caídas

Tive que escolher entre eu e você

Escolhi ceder

Mas minha alma pela sua insiste

Você ainda existe?

QUARTO BRANCO

Aguardo sentada no chão desse quarto vazio

Ouvindo o mudo estalar de móveis desprovidos de
visibilidade em expansão.

Meus olhos,

fixamente colados no espelho parecem enxergar

Embassadamente aquilo que um dia pude chamar
de Eu.

Paredes coloridamente brancas guardam marcas
transparentes de catástrofes vividas.

Construído sobre rangidos, parece ter nascido
destinado ao fim.

Ainda estou sentada.

Conto uma a uma as cicatrizes inaudíveis que o
espelho ousa refletir.

Lembranças:

Vagam entre consolo e apunhalada.

O quarto está tão frio que posso ver o ar sair de
mim

aos poucos como quem não quer ser percebido.

Sem percebê-lo, percebi que as irreais prateleiras
estão vazias,

Que as linhas dos livros que ali não estão, são sem
palavras

E que a foto do falso porta-retratos não existiu.

Uma gota irrelevante está forçando para cair dos
meus olhos

E eu estou forçando para não deixá-la sair.

Gloriosamente, o combate é interrompido.

O novo comprador chegou.

Espero, vagamente, que ele perceba que aqui nunca
se viveu.

E que eu, me esquecendo de mim, entenda que o
quarto sou eu.

Plausível é sentir saudade do se foi

Agora

E quando o verbo está no futuro?

Quando a lembrança ainda é projeção

E o riso ainda não é pó

Plausível o é?

Sentir saudade de possíveis abraços não dados

E de risos frouxos que não se soltaram

Saudade de alguém que está ao seu lado

E de cheiros ainda não exalados

Será possível lembrar da vida desejada?

Sentir o toque na mão não beijada

Ouvir o respirar de alguém que não sou eu

E os passos de um espectro que não morreu

Sinto o gosto do bolo não assado

E o odor do sapato ainda não usado

Sinto sua mão tocar a minha adulta como quando era criança

E ainda sinto, mesmo que sem referências, esperança

Fácil lembrar de rostos tão presentes

Mas ainda ouço as cantigas pré-existentes

Ouço sua voz dizendo o que tanto quero ouvir

Mas não vou.

Risível é lembrar que esqueço

Esqueço de me lembrar

Que ainda que eu grite

Você não vai me escutar

O laço rompeu

E por mais que eu tente, a cola das mãos já escorreu

Mais risível ainda é

Saber que mesmo lhe mostrando

Meu falar te toca apenas os ouvidos

O coração enrijecido não permite adentrar

E a falta de reciprocidade me permite apenas

Sonhar.

ÚLTIMO GRITO

Te seria tão mais fácil se eu apenas não falasse

Se meu rosto esfarelasse

E eu não piscasse mais

Te seria tão mais cômodo se meu corpo tão incômodo

Apenas se deitasse

E não levantasse mais

Te seria tão mais belo o mundo

Se o telefone não tocasse

Se a parede não lembrasse e meu quadro não segurasse mais

Ah, como eu queria que minhas pernas não andassem mais

Que meu peito não puxasse mais

E que minha boca fechasse de vez

Ah, como queria que cada parte desintegrasse

E os pedaços não colassem

Nem que vida tentasse outra vez.

Mas antes disso tudo,

Eu só queria que teu olho me olhasse

Que teu braço me abraçasse

Que teu ouvido me escutasse

E que nossas asas batessem juntas dessa vez.

Só por uma vez queria que no teu peito ardesse

O sentimento de que eu mereço colo outra vez

Não.

O ser não se concebe do querer.

Apenas espero que teus olhos se abram e me vejam

Caindo

Pedindo

Morrendo.

Sussurrando:

Me note dessa vez

Preso na minha própria célula

Eu feito dela

Ela feita de mim

No teto, lê-se:

A vida é uma amontoado de inutilidades

Que tentam de alguma forma tapar o buraco.

Entre o feto e o caixão,

São só buracos.

Buracos incansavelmente profundos

Capazes de me levar ao chorume resultante

daqueles que tentaram tapa-los antes de mim.

Devaneio...

Caminhando para o esquecimento

A solidão incansavelmente faz parte de mim

Quilômetros e quilômetros de epiderme me

prendem

E afastam tudo que possa me suscitar a pertença

A nascença.

Ainda estou na minha cela

E a insensatez da liberdade me vem mais uma vez,

Apenas me entorpeço com o ópio da esperança.

Acreditar é inépcia

Emancipação é utopia

Utopia é ilusão

E iludindo-me vou vivendo

vivendo vou caminhando

Caminhando vou chegando

Chegando, por fim, vou morrendo

Laudo:
Torturado pelo próprio corpo celular.

DESPEDIDA

Olhar nostálgico como o de quem se despede

Cada gota de chuva que cai, uma parte que se vai.

Sinto a vida esvair-se de mim

E tudo que quero é pedir para que fique.

Pedaços de um espelho que se quebrou.

Uma vida de azar e dor.

Não tenho raiva,

Apenas cansaço.

Sufoco-me com minha apatia

Não tenha pena de mim

Eu busquei longínquo fim.

Eu cavei a cova em que caí.

Poderia escrever palavras otimistas de esperança

Mas não teriam efeito algum

Escrevo o que sinto

E o que sinto dói.

O gosto amargo do café cegou meus lábios

No entanto, seu cheiro me faz suspirar

A dualidade complexa entre o viver e o existir

Inunda minha cabeça e me embriaga

Entorpecida, sobreviverei às minhas últimas
batalhas

Cansada.

Morrerei em um susto premeditado

Sem avisos, sem antecedentes, sem expectadores

Pílulas salvadoras de sabedoria.

O tremor invade meu corpo e dilata minhas pupilas

Falta o ar

Falta o folego.

Não sinto o chão abaixo de meus pés.

Deveria eu reagir, fugir

Mas o peso da dúvida sobre meus ombros me
impede até mesmo de existir

e, assim, duvidosa,

Me despeço.